EXAMEN

*Du projet de déclaration des droits
naturels, civils & politiques de
l'homme, qui a été lu à la Convention Nationale,*

SUIVI

*D'un autre projet de déclaration de
ces droits;*

Par le citoyen GABRIEL PERRE-
TON, juge au tribunal du dif-
trict de la Tour-du-Pin, féant
à Bourgoin, membre des fociétés
des amis de la liberté & de l'égalité de Grenoble, de la Côte-St-
André, de Bourgoin & de la
Rochelle.

CITOYENS REPRÉSENTANTS,

VOUS avez invité, par un décret,
tous les amis de la liberté & de l'égalité à vous communiquer leurs vues
fur la conftitution républicaine que

A

les Français attendent. J'ai cru pouvoir profiter de quelques momens de
loisir, pour examiner attentivement
le projet de votre comité, sur la
nouvelle rédaction des droits naturels, civils & politiques de l'homme.

La déclaration des droits de l'homme que décreta l'assemblée consti-
tuante, fit la plus vive sensation sur
les esprits : elle vint étonner les des-
potes, consoler leurs sujets, obtenir
l'assentiment général. Elle fut placée
dans les salles des sociétés populaires,
discutée dans leurs séances, & gra-
vée dans tous les cœurs. Cependant
on convient assez généralement que
cette déclaration étoit incomplette &
sans ordre ; elle tenoit d'ailleurs au
plan de constitution qui parut alors
devoir être adopté, & que la félo-
nie de Louis XVI nous a forcé d'a-
bandonner. Votre comité, chargé de
revoir cette déclaration, a voulu ré-
parer ces défauts ; mais y est-il par-
venu entierement ! n'est-il point tombé lui-même dans quelques erreurs ?
C'est ce que j'entreprends d'examiner.

Je vois d'abord que votre comité a
supprimé le proëme de l'ancienne déclaration des droits de l'homme. Cependant ce proëme énon   une vérité qu'on ne sauroit tr   ut-être
rappeller aux nations, c'est que l'*igno-*

rance, l'oubli ou le mépris des droits de l'homme, font les feules caufes des malheurs publics & de la corruption des gouvernemens. Grande, fublime ré-flexion, digne de toutes celles de l'immortel *Rouffeau* ! Je défirerois donc qu'on confervât cette phrafe dans le proëme de la nouvelle déclaration.

Je paffe à la difcuffion des articles.

Et d'abord je ne vois pas que l'énon-ciation des divers droits de l'homme, contenue dans le premier article du projet de votre comité, foit faite dans l'ordre de ces droits mêmes. Ils étoient mieux claffés dans l'article fecond de l'ancienne déclaration. Ainfi, au lieu de ces termes : *les droits naturels, civils & politiques des hommes, font la liberté, l'égalité, la fûreté, la propriété, la garantie fociale & la réfiftance à l'oppreffion*, je vou-drois ceux-ci : *les droits naturels, ci-vils & politiques des hommes, font la liberté, l'égalité, la propriété, la fû-reté, la garantie fociale & la réfiftance à l'oppreffion*. En effet, la fûreté & la garantie fociale ont trop de rap-ports entr'elles, ou plutôt l'une dé-rive trop immédiatement de l'autre, pour qu'on puiffe les féparer.

Mais indépendamment de cette tranfpofition, je voudrois encore qu'on terminât cet article par ces

mots : *ces droits font facrés & impréf-
criptibles.* Ce feroit dire aux nations
qui rampent fous l'efclavage le plus
dur , (& l'on ne fauroit trop le leur
répéter) *ces droits vous font communs ,
vous pouvez , vous devez , malgré votre
longue fervitude , vous rétablir dans ces
mêmes droits.*

L'article fecond du projet de votre
comité , eft la copie prefque litté-
rale de l'article IV de l'ancienne
déclaration. Cet article II porte que
*la liberté confifte à pouvoir faire tout ce
qui n'eft pas contraire aux droits d'autrui ; qu'ainfi l'exercice des droits de
chaque homme, n'a de bornes que celles
qui affurent aux autres membres de la
fociété , la jouiffance de ces mêmes
droits.* Mais je voudrois qu'on réparât
une omiffion importante , felon moi ,
que votre comité a faite dans ce même article , & qu'on rétablît la phrafe
fuivante : *ces bornes ne peuvent être
déterminées que par la loi.*

Les articles III , IV , V & VI du
projet de votre comité , font encore
deftinés à fpécifier plus particuliere-
ment ce qui a trait à la liberté , comme celle indéfinie du culte , & celle
illimitée de la preffe. Je ne fais , Citoyens repréfentans , fi je m'abufe ;
mais je ne puis plus être de l'avis ni
de l'une ni de l'autre de ces deux opinions : il me paroît inconvenable de
laiffer fe propager , dans un état ,
une opinion religieufe contraire aux

lois de cet état. Nous en voyons un trop funeste exemple. Sous le voile hypocrite de la religion, des prêtres impies vont prêchant la désunion, le désordre, l'anarchie, la désobéissance à la loi, la rébellion, la guerre civile. Déjà des départemens entiers sont en proie à la dévastation & à la cruauté de ces fanatiques, & il ne tient pas à eux que nous ayons un despote, que la liberté, si cherement conquise, ne nous soit ravie, & que la France ne devienne une mer de sang. Il me paroît tout aussi inconvenable d'admettre la liberté *illimitée* de la presse. Quoi ! des monstres pourront impunément prêcher les erreurs les plus frappantes, exciter à des troubles désorganisateurs, porter à des actions cruelles & infâmes ! Ne voyons-nous pas les funestes effets de cette liberté illimitée d'écrire & d'imprimer! Un *Marat*, prêchant sans cesse le meurtre & le pillage, oseroit-il ouvrir sa bouche impie, faire circuler ses écrits incendiaires, si de sages lois, répressives d'abus si intolérables, venoient enchaîner ses mains criminelles ! Je désire donc que tout homme soit responsable de ses écrits, & que tout culte contraire aux lois de l'état, ne soit pas toléré.

Je propose encore plusieurs additions & corrections à ces mêmes articles, toutes puisées dans l'ancienne déclaration, ou dans les dispositions fondamentales , garanties par la conſtitution de 1791.

Le projet de votre comité énonce , dans les articles VII , VIII & IX , ce qui a trait à l'*égalité*. Les articles VII & VIII ſont imcomplets : L'article IX ne paroît pas devoir éprouver des changemens : je voudrois ſeulement que ce fût à ſa ſuite que fût placée la phraſe qui termine le projet, & qu'on la mît en ces termes : *toute hérédité de fonctions bleſſe l'égalité , & eſt abſurde & tyrannique.*

Il ſemble encore , Citoyens repréſentans, qu'en définiſſant l'égalité, qu'en établiſſant quelques principes qui en dérivent , votre comité auroit dû conſacrer de nouveau cette partie de l'article XIII de l'ancienne déclaration qui porte que *les contributions publiques ,* que les beſoins de l'état néceſſitent , *doivent être réparties entre les citoyens , en raiſon de leurs facultés.* J'en ai fait un article dans mon projet.

Je continue l'analyſe de celui de votre comité.

Faiſant ſuivre , dans l'ordre des rangs , le droit de l'*égalité* , par celui de la *propriété* , cela opere, comme je l'ai déjà obſervé , une tranſpoſition dans les articles. Auſſi les articles XI , XII , XIII & XIV de mon projet , ſont les mêmes que les articles XVIII , XIX , XX & XXI du projet de votre comité. L'article XV de mon projet, eſt une refonte de l'article XII du projet de votre co-mité, & l'énoncé de pluſieurs prin-cipes relatifs aux contributions publi-ques, qui étoient renfermés dans l'article XIV de l'ancienne déclara-tion.

L'article XVI de mon projet, re-latif à l'inſtruction publique, pa-roît mieux convenir que l'article XXIII du plan de votre comité : il eſt le rétabliſſement d'une des diſpoſi-tions fondamentales, garanties par la conſtitution de 1791. Il porte que *l'inſtruction eſt uu des premiers beſoins publics ; qu'elle doit être commune à tous les citoyens, & gratuite à l'égard des parties d'enſeignement indiſpenſables pour tous les hommes.*

Ici je reviens au droit de *ſûreté* ; & les articles XVIII, XIX, XX, XXI, XXII, XXIII & XXIV de mon pro-jet, ſont les mêmes que les articles X, XI, XII, XIII, XIV, XV, XVI, & XVII du plan de votre comité. Il ne paroit pas qu'ils ſoient ſuſceptibles du moindre changement.

Je paſſe donc au droit qu'a chaque citoyen à la garantie ſociale. L'article XXV du plan de votre comité, ſemble bien nu, bien inſuffiſant ; il eſt en ces termes : *la garantie ſociale de ces droits, répoſe ſur la ſouveraineté nationale.* Je voudrois un proème à cet article, en ces termes : *ſi chaque citoyen contraǎe envers la ſociété entiere,* la société ; à son tour , contracte avec chaque citoyen ; elle doit lui garantir, l'exercice de tous ses droits naturels , civils & politques. . Ici je placerois, l'article de votre comité : *La garantie sociale de ces droits , repose sur la souveraineté nationale.*

Les articles XXVI , XXVII , XXVIII , XXIX & XXX de mon projet , toujours relatifs à la garantie sociale , sont les mêmes que ceux de votre comité.

Quant à l'article XXXI , qui a trait au droit de *résistance à l'oppression* , ne seroit-il pas plus clairement énoncé par ces termes : *la résistance à l'oppression , est un des droits les plus sacrés de l'homme ; la loi doit indiquer aux membres de la société , les moyens d'y parvenir ?*

Parmi ces moyens, Citoyens représentans , je place deux dispositions fondamentales qui avoient été garanties par la constitution de 1791 ; je veux dire le droit de s'assembler , & celui d'adresser des pétitions individuelles aux corps constitués. Puis le droit de composer des conventions nationales. J'en forme l'article XXXII de mon projet.

Mais ces moyens peuvent être insuffisans ; l'oppression peut être telle que l'on n'aye aucun égard aux plus justes réclamations ou que l'on s'oppose à l'exercice de ces droits. Alors il ne reste plus , selon moi , qu'un

droit que je fuis étonné de ne pas voir
énoncé dans le projet de votre comité,
c'eſt celui de l'*inſurrection*. Mais, à la
vérité, il faut donner à *l'inſurrection*
un caractere qui lui ôte tout danger,
& qui prévienne *les agitations partiel-
les*. C'eſt ce que j'ai entrepris en dé-
clarant, par l'article XXXIII de mon
projet, que *l'inſurrection ne peut être
un moyen légal, que lorſque tout autre
moyen a été vainement employé ou eſt im-
poſſible; qu'elle eſt coupable,& puniſſable
toute les fois qu'elle n'eſt pas le fait de
la majorité abſolue des membres du
corps ſocial.*

Dans l'article XXXIV de mon projet, je claſſe les cas où il y a oppreſ-
ſion ; & ces cas ne me paroiſſent que
de deux genres, celui où *une loi viole les droits naturels, civils & politiques, garantis par la conſtitution* ; &
celui où *une loi eſt violée par les
fonctionnaires publics.*

Je termine enfin mon projet par
cette déclaration terrible pour tous
ceux qui abuſent ou qui ſeroient
tentés d'abuſer de leurs pouvoirs,
qu'*un peuple a le droit imprescriptible
de revoir, de réformer, de changer ſa
conſtitution.*

Citoyens repréſentans, tels ſont
les divers changemens que j'ai cru
devoir propoſer dans la déclaration
nouvelle des droits de l'homme. Je
n'ai pas la vanité de croire que je
ne ſois pas tombé moi - même dans

quelques erreurs ; mais foyez bien
convaincus que fi je me fuis trompé
dans mes vues , c'eft bien involontai-
rement , & non par efprit de parti ;
je n'en connois qu'un , le falut de
ma patrie , fa gloire & fa profpérité.

Suit le projet de décret.

DÉCLARATION

Des droits naturels , civils & poli-tiques de l'homme.

Le but de toute réunion d'hommes
en fociété , étant le maintien de leurs
droits naturels , civils & politiques ,
ces droits doivent être la bafe du pacte
focial. L'ignorance , l'oubli ou le mépris de ces droits , ont été les feules
caufes des malheurs publics & de la
corruption des gouvernemens. Il eft
donc utile que leur reconnoiffance &
leur déclaration précéd'ent la conftitution qui en affure la garantie. En
conféqvence la Convention nationale
de France reconnoît & déclare , en
préfence & fous les aufpices de l'Etre
fuprême , les droits fuivans de l'homme & du citoyen.

ART. Ier. Les droits naturels , civils & politiques des hommes , font

la liberté, l'égalité, la propriété, la
sûreté, la garantie sociale & la résif-
tance à l'oppreffion. Ces droits font
facrés & imprefcriptibles.

II. La liberté confifte à pouvoir
faire tout ce qui n'eft pas contraire
aux droits d'autrui : auffi l'exercice
des droits naturels de chaque homme
n'a de bornes que celles qui affurent
aux autres membres de la fociété, la
jouiffance de ces mêmes droits. Ces
bornes ne peuvent être déterminées
que par la loi.

III. La loi ne doit défendre que les
actions nuifibles. Elle doit être l'ex-
preffion de la volonté générale. Tous
les citoyens ont droit de concourir
perfonnellement, ou par leurs repréfentans, à fa formation. Tout ce qui
n'eft pas défendu par elle, ne peut
être empêché ; & nul ne peut être
contraint à faire ce qu'elle n'ordonne
pas.

IV. Tout homme eft libre d'aller,
de refter, de partir, fans pouvoir
être arrêté ou détenu, à moins du
danger de la patrie ; &, en ce cas
il ne peut l'être que felon les formes
& pour le temps déterminé par la
loi.

V. Tout citoyen peut parler, écrire,
imprimer librement, fauf à répondre
de l'abus de cette liberté, dans les
cas déterminés par la loi.

VI. Nul ne doit être inquiété à raifon de fes opinions religieufes ou à

raifon de fon culte , pourvu que ces opinions ou ce culte ne foient pas contraires aux lois de l'Etat , & ne troublent pas l'ordre public.

VII. L'égalité confifte en ce que chacun puiffe jouir des mêmes droits : il ne doit point y avoir de diftinctions fociales entre des hommes libres : parmi eux il ne doit y avoir de claffe privilegiée : tout privilege bleffe l'égalité & la juftice, & eft uue tyrannie.

VIII. La loi doit être égale pour tous , foit qu'elle récompenfe ou qu'elle puniffe , foit qu'elle protege ou qu'elle réprime.

IX. Tous les citoyens font admiffibles à toutes les places , emplois & fonctions publiques. Les peuples libres ne peuvent connoître d'autres motifs de préférence , que les talens & les vertus. Toute hérédité de fonctions bleffe l'égalité , & eft abfurde & tyrannique.

X. Les contributions publiques , que les befoins de l'Etat néceffitent , doivent être réparties entre les citoyens , en raifon de leurs facultés.

XI. Le droit de propriété confifte en ce que tout homme eft le maître de difpofer à fon gré de fes biens , de fes capitaux , de fes revenus & de fon induftrie.

XII. Nul genre de travail, de commerce & de culture, ne peut lui être interdit. Il peut fabriquer , vendre &

tranſporter toute eſpece de produc-
tions.

XIII. Tout homme peut engager
ſes ſervices ; ſon temps ; mais il ne
peut ſe vendre lui-même : ſa perſonne
n'eſt pas une propriété aliénable.

XIV. Nul ne peut être privé de la
moindre portion de ſa propriété, ſans
ſon conſentement, ſi ce n'eſt lorſque
la néceſſité publique, légalement
conſtatée, l'exige évidemment, &
ſous la condition d'une juſte & préa-
lable indemnité.

XV. Nulle contribution ne peut
être établie que pour l'utilité générale, & pour ſubvenir aux beſoins
publics. Tous les citoyens ont le droit
de conſtater par eux-mêmes, ou par
leurs repréſentans, la néceſſité de la
contribution, de concourir à ſon éta-
bliſſement, d'en déterminer librement
la quotité, l'aſſiete, le recouvrement,
la durée, & d'en ſuivre l'emploi. La
ſociété a le droit de demander compte
à tout agent public de ſon adminiſtra-
tion.

XVI. L'inſtruction eſt un des premiers beſoins publics. Elle doit être
commune à tous les citoyens, & gratuite à l'égard des parties d'enſeigne-
mens indiſpenſables pour tous les
hommes.

XVII. Les ſecours publics ſont une
dette ſacrée de la ſociété ; & c'eſt à
la loi à en déterminer l'étendue &
l'application.

XVIII. La sûreté consiste dans la protection accordée par la société à chaque citoyen, pour la conservation de sa personne, de ses biens & de ses droits.

XIX. Nul ne doit être appellé en justice, accusé, arrêté ni détenu, que dans les cas déterminés par la loi, & selon les formes qu'elle a prescrites. Tout autre acte exercé contre un citoyen est arbitraire & nul.

XX. Ceux qui solliciteroient, expédieroient, signeroient, exécuteroient ou feroient exécuter ces actes arbitraires, sont coupables & doivent être punis.

XXI. Les citoyens contre qui l'on tenteroit d'exécuter de pareils actes, ont le droit de repousser la force; mais tout citoyen, appellé ou saisi par l'autorité de la loi, & dans les formes prescrites par elle, doit obéir à l'instant: il se rend coupable par la résistance.

XXII. Tout homme étant présumé innocent jusqu'à ce qu'il ait été déclaré coupable, s'il est jugé indispensable de l'arrêter, toute rigueur qui ne seroit pas nécessaire pour s'assurer de sa personne, doit être sévérement réprimée par la loi.

XXIII. Nul ne doit être puni qu'en vertu d'une loi établie, promulguée antérieurement au délit, & légalement appliquée. La loi qui puniroit des délits commis avant qu'elle exis-

tât, seroit un acte arbitraire. L'effet
rétroactif donné à la loi, eft un crime.

XXIV. La loi ne doit décerner
que des peines ftrictement & évidemment néceffaires à la fûreté générale.
Elles doivent être proportionnées au
délit, & utiles à la fociété.

XXV. Si chaque citoyen contracte
envers la fociété entière, la fociété,
à fon tour, contracte avec chaque citoyen : elle doit lui garantir l'exercice
de tous fes droits naturels, civils &
politiques. La garantie fociale de ces
droits repofe fur la fouveraineté nationale.

XXVI. Cette fouveraineté eft une,
indivifible, imprefcriptible & inalié-
nable.

XXVII. Elle réfide effentiellement
dans le peuple entier ; & chaque citoyen a un droit égal de concourir à
fon exercice.

XXVIII. Nulle réunion partielle
de citoyens, & nul individu, ne peuvent s'attribuer la fouveraineté, exer-
cer aucune autorité, & remplir aucune fonction publique, fans une
déclaration formelle de la loi.

XXIX. La garantie fociale ne peut
pas exifter là où les limites des fonctions publiques ne font pas clairement déterminées par la loi, & où
la refponfabilité de tous les fonctionnaires publics n'eft pas affurée.

XXX. Tous les citoyens font tenus
de concourir à cette garantie, & de

donner force à la loi, lorsqu'ils sont appellés en son nom.

XXXI. La réfistance à l'oppreffion eft un des droits les plus facrés de l'homme. La loi doit indiquer aux membres de la fociété les moyens d'y parvenir.

XXXII. Les citoyens peuvent s'affembler paifiblement & fans armes, en fatisfaifant aux lois de police. Ils peuvent adreffer aux autorités conftituées, des pétitions fignées individuellement : ils peuvent former des conventions nationales.

XXXIII. L'infurrection ne peut être un moyen légal, que lorfque tout autre moyen a été vainement employé ou eft impoffible. Elle eft coupable & puniffable toutes les fois qu'elle n'eft pas le fait de la majorité abfolue des membres du corps focial.

XXXIV. Il y a oppreffion, 1°. lorfqu'une loi viole les droits naturels, civils & politiques, garantis par la conftitution ; 2°. lorfque la loi eft violée par les fonctionnaires publics.

XXXV. Un peuple a le droit imprefcriptible de revoir, de reformer & de changer fa conftitution.

A GRENOBLE,
De l'Imprimerie d'ALLIER, 1793.